QUESTIONS RÉPONSES

DÈS 7 ANS

Passion football

écrit par **Mickaël Grall**
illustré par **Jérôme Brasseur**

Nathan

Qui joue au foot ?

Tout le monde ! Des millions d'enfants et d'adultes, filles ou garçons, petits ou grands, maigres ou costauds, jouent au football sur tous les continents ! C'est un sport universel. Les règles sont faciles à comprendre, jouer au pied avec un ballon est très naturel ; ce qui explique le succès du foot.

Le football se joue sur tous les terrains, et même sur le sable de la plage ou dans la rue. Deux pulls pour les poteaux, un ballon, et le match peut commencer !

Le football vient-il du cuju ?

Le cuju est considéré comme l'un des ancêtres du football moderne. Originaire de Chine, ce sport était déjà pratiqué il y a 2000 ans, avec des bambous en guise de poteaux ! Les règles du jeu tel que nous le connaissons aujourd'hui ont été écrites par les Anglais en 1863.

INCROYABLE !

Le football américain est très populaire aux États-Unis. Il se joue essentiellement à la main, contrairement à notre football. Leurs casques et leurs protections rendent les joueurs redoutables !

J'étais champion de cuju, bien avant les Chinois !

Quel est le but du jeu ?

Pour gagner un match, une équipe doit marquer plus de buts que le camp adverse. À l'attaque ou en défense, tous les joueurs unissent leurs efforts pour remporter la victoire. Quoi qu'il arrive, il faut veiller à respecter les règles du jeu et savoir accepter la défaite.

Toutes les joueuses sont en action, l'œil fixé sur le ballon, prêtes à le propulser dans le but adverse.

Avec mes chaussettes rouges et mes crampons, j'attaaaque !

Un maillot, des crampons, pour quoi faire ?

L'équipement du footballeur est très simple : le maillot du club pour bien reconnaître ses coéquipiers, un short et de longues chaussettes qui recouvrent les protège-tibias fixés au-dessus des chevilles, sans oublier des chaussures à crampons en caoutchouc pour ne pas glisser sur le terrain. Pendant les entraînements, un vêtement de pluie et une serviette pour la douche sont à prévoir.

INCROYABLE !

Les premières chaussures, très dures, provoquaient beaucoup de blessures. Dès 1874, un Anglais inventa les protège-tibias. Les joueurs les fixaient comme ils pouvaient, avec des boucles en cuir ou du ruban adhésif !

Où sont les joueurs sur le terrain ?

Chaque joueur a une place et un rôle précis sur le terrain de football. Le gardien de but est prêt à plonger pour empêcher les adversaires de marquer. Il est aidé par les défenseurs, qui doivent être bien attentifs aux mouvements des attaquants adverses, chargés de marquer les buts. Les milieux de terrain sont au cœur du jeu pour prêter main forte à leurs coéquipiers, récupérer et transmettre le ballon.

Quatre défenseurs (D), quatre milieux (M), deux attaquants (A), et le gardien : l'équipe est prête pour disputer le match.

À chaque remplacement, le joueur sortant encourage son camarade entrant. Cela fait partie des beaux gestes du football. Maintenant, c'est au remplaçant de jouer !

Un remplaçant joue bien au football ?

Les remplaçants peuvent être eux aussi de très bons joueurs. Ils sont indispensables pour jouer un match car ils remplacent leurs camarades blessés ou fatigués pendant la rencontre. Être remplaçant, c'est bien sûr faire partie de l'équipe.

INCROYABLE !

Avant le début du match, l'arbitre procède au tirage au sort : c'est le « toss ». Pour ce « pile ou face », il utilise une pièce de monnaie, et non pas une tartine grillée ! Le vainqueur du toss choisit l'engagement ou la partie de terrain sur laquelle son équipe va jouer en première mi-temps.

Qui a mangé un toast sur le terrain ? Ça fait des miettes.

À quoi servent les lignes blanches sur le terrain ?

Les lignes blanches servent à délimiter le terrain de jeu : les lignes de but et les lignes de touche forment le rectangle dans lequel le match se joue. Les autres marquages au sol permettent de visualiser la surface de réparation, le rond central ou l'arc de cercle du corner par exemple.

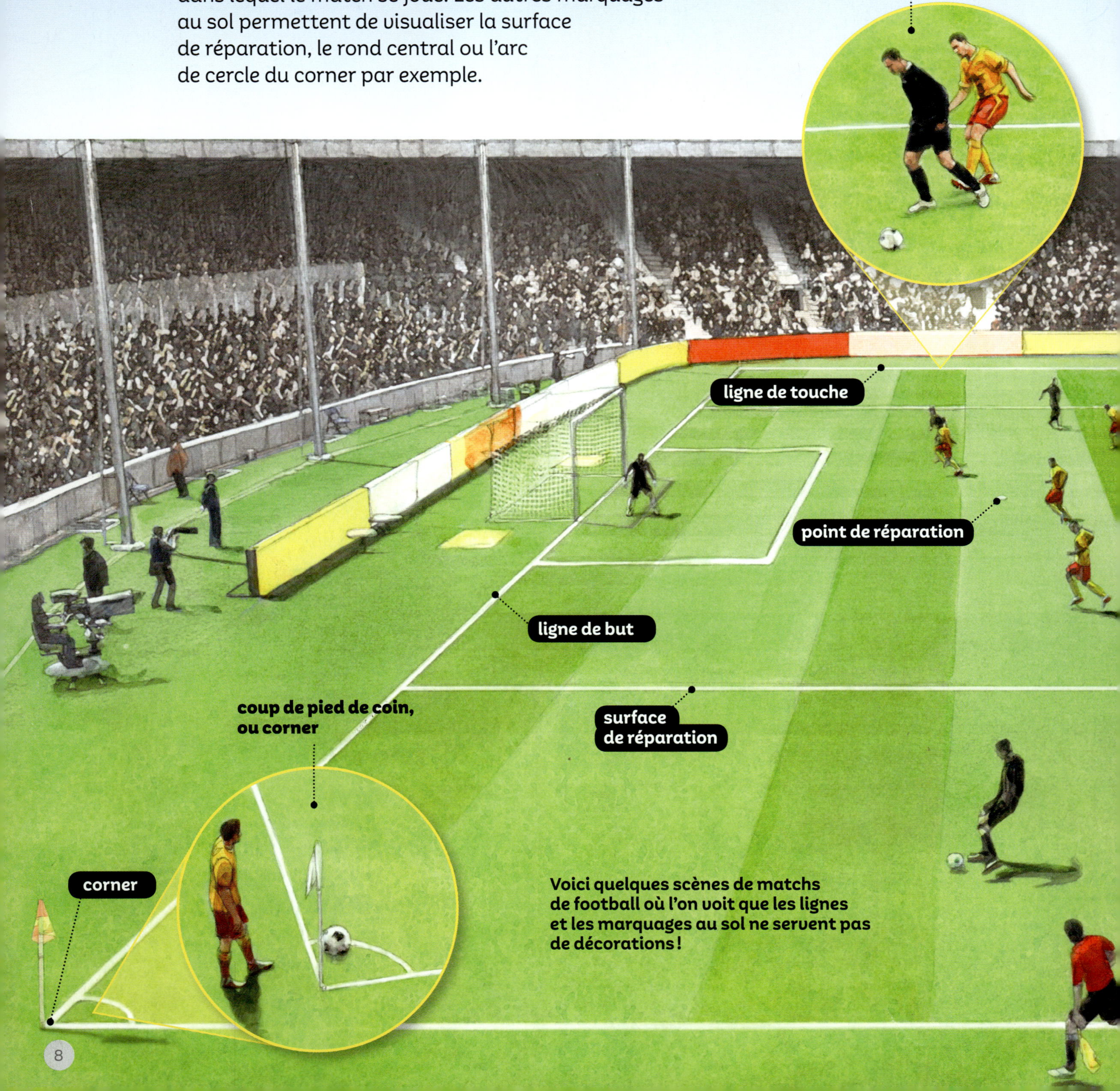

Voici quelques scènes de matchs de football où l'on voit que les lignes et les marquages au sol ne servent pas de décorations !

Qu'est-ce que la surface de réparation ?

C'est le plus grand des rectangles entourant chaque but. Et dedans seulement, les gardiens ont le droit d'utiliser leurs mains pour s'emparer du ballon. De plus, si une faute importante est commise dans cette surface par un défenseur, l'arbitre doit siffler un pénalty en « réparation » (ou compensation) au profit de l'équipe attaquante.

INCROYABLE !

Le club de Saint-Étienne a perdu en 1976 la finale de la Coupe d'Europe après avoir frappé deux fois la barre transversale pendant le match. La faute aux poteaux de forme carrée, selon les supporters ! On peut encore voir ces fameux poteaux carrés au musée du club !

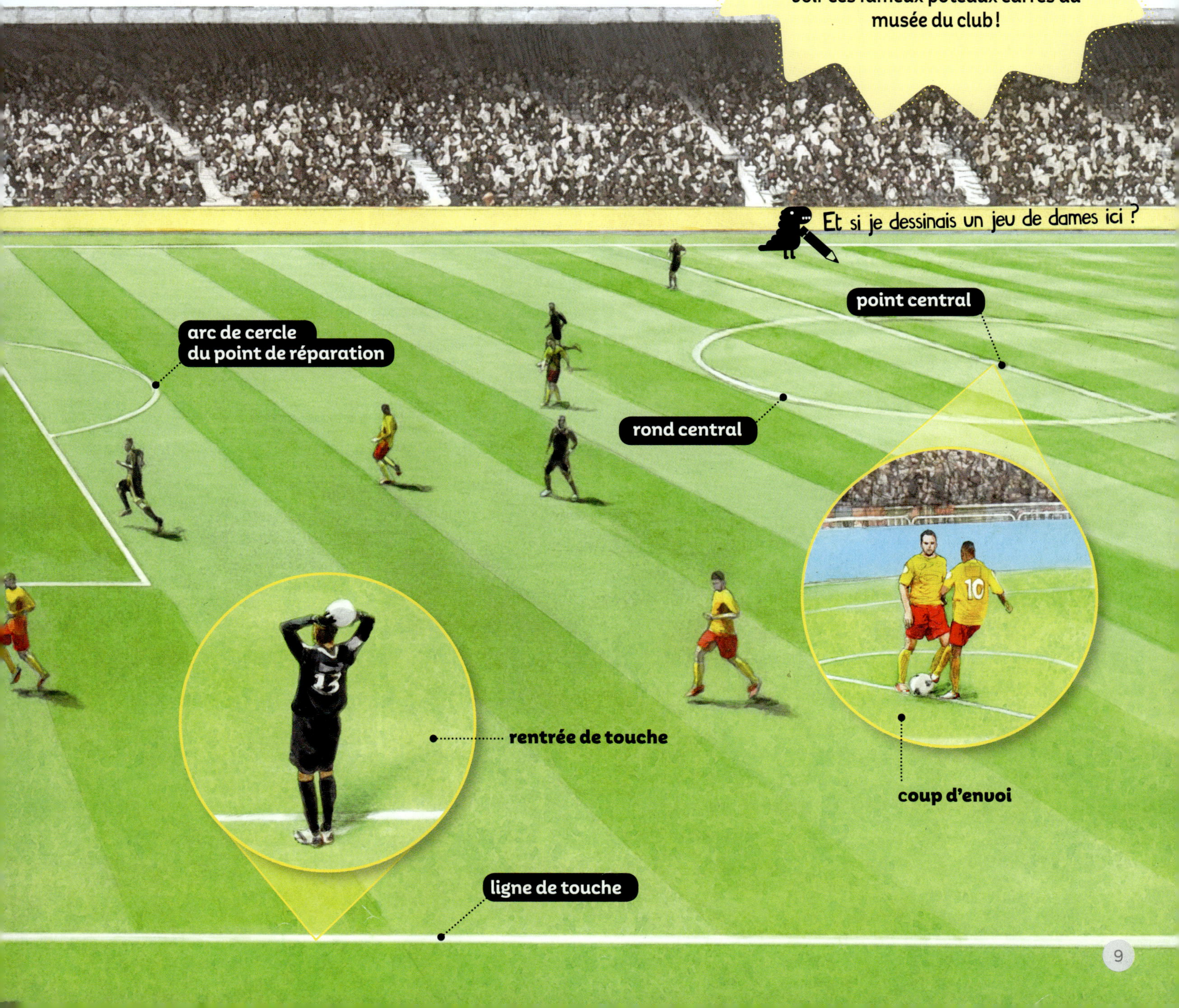

À l'entraînement, les jeux avec ballon permettent de faire de meilleures passes le jour du match. Ces exercices améliorent aussi la forme des joueurs. Il est important de les réaliser correctement, comme le fait ici l'Équipe de France féminine.

Passe à ta voisine, c'est facile !

Comment réussir une passe ?

La passe est le geste le plus courant du footballeur, mais ce n'est pas toujours le plus facile à réaliser. Réussir sa passe, c'est permettre à son coéquipier de bien recevoir le ballon et de bien pouvoir l'utiliser par la suite. La passe la plus simple est celle réalisée de l'intérieur du pied : pour un droitier, elle correspond à la partie gauche du pied, et pour un gaucher à la droite.

INCROYABLE !

Un match, c'est comme une partie d'échecs. Chaque joueur a ses caractéristiques, ses qualités et ses points faibles. L'entraîneur doit choisir la bonne stratégie et les joueurs appliquer ses consignes pour remporter la victoire.

Les entraînements sont essentiels pour améliorer son propre jeu et celui de l'équipe entière. Les joueurs effectuent les exercices choisis par l'entraîneur pour se perfectionner et être en forme.

Un joueur lent est-il mauvais ?

On est toujours plus ou moins rapide que quelqu'un ! Même si on est lent, on peut être un excellent joueur grâce à son coup d'œil, à sa frappe de balle ou bien à la qualité de ses passes. Certains joueurs considérés comme lents ont fait une très grande carrière. Et d'ailleurs, même les joueurs rapides doivent s'entraîner dur pour être bons.

Pourquoi faut-il parfois utiliser sa tête ?

Le football est un sport qui se joue de temps en temps dans les airs. Lorsque le ballon s'élève, utiliser sa tête peut être utile pour dégager son camp, empêcher un adversaire de s'emparer du ballon, ou pour marquer un but. Avec un peu d'entraînement, jouer avec la tête devient très facile et ne fait jamais mal.

L'arbitre principal et ses assistants donnent, par leurs gestes et grâce à leurs drapeaux, toutes les informations utiles aux joueurs pour le bon déroulement du match. Pour les matches de compétition en professionnel, l'arbitre principal est aidé d'une assistance vidéo, pour lui permettre de signaler une faute, corriger une de ses décisions ou donner un carton rouge à l'un des joueurs.

L'arbitre a-t-il toujours raison ?

Les décisions de l'arbitre ne peuvent pas être contestées, et les joueurs doivent les respecter, même si elles ne leur semblent pas justes. L'arbitre est entouré de deux arbitres assistants, qui l'aident à signaler les hors-jeu, les sorties de balle, les fautes, etc. Ce trio connaît très bien le règlement, les joueurs doivent lui faire confiance pour diriger le match.

L'arbitre assistant signale un hors-jeu.

L'arbitre indique un coup de pied au but.

Coup de pied de coin (corner)

Un remplacement est demandé par une équipe.

Pourquoi a-t-il un sifflet et des cartons ?

Diplodocus m'a tiré les écailles mais personne n'a sifflé...!

Le sifflet permet à l'arbitre de se faire entendre de tous les joueurs. Dès qu'un coup de sifflet retentit, le jeu s'arrête. Si un joueur commet une faute grave ou antisportive, l'arbitre peut aussi adresser un carton jaune (avertissement) ou rouge (expulsion). C'est un arbitre anglais qui a inventé ces cartons, après avoir observé près de chez lui le fonctionnement d'un feu tricolore de signalisation !

Coup franc direct : les attaquants peuvent tirer directement au but.

Carton jaune : le joueur est averti.

Carton rouge : le joueur est expulsé.

Coup franc indirect : le ballon doit toucher au moins un autre joueur pour qu'un but soit marqué.

Comment arrête-t-on un ballon ?

Aidé de ses défenseurs, le gardien de but tente d'arrêter les tirs des adversaires. Ce joueur particulier est le seul à pouvoir utiliser ses mains, mais il doit parfois plonger pour capter ou détourner le ballon. Vivacité, rapidité et courage sont les trois qualités essentielles d'un gardien.

INCROYABLE !

Si son équipe est toujours à l'attaque, le gardien de but trouve parfois l'attente entre ses poteaux interminable. Mais il doit rester actif et attentif : gare aux contre-attaques surprises de l'équipe adverse !

Pourquoi le gardien porte-t-il des gants ?

Le gardien de but utilise toujours des gants spéciaux, épais mais souples. Les frappes au but peuvent être très fortes : les gants lui permettent alors de se protéger les mains et d'amortir les chocs. Ils lui servent aussi à bien agripper le ballon grâce à leur revêtement légèrement adhésif.

Sa détente permet au gardien de détourner ou de capter les ballons les plus difficiles, parfois du bout des doigts.

Trop fort, le gardien, il plonge sans eau !

Marquer un but, c'est facile ?

Un joueur a besoin de ses coéquipiers car un but est souvent marqué après une série de passes. Dans ces conditions, marquer devient facile puisqu'il suffit parfois de pousser le ballon au fond des filets tout près du but. Le plaisir de marquer un but avec toute son équipe est alors très grand ! Au contraire, il est très difficile de marquer un but en voulant dribbler seul tous ses adversaires.

Tu as le bon mot de passe pour marquer ?

On peut marquer un but avec toutes les parties du corps, sauf la main. Des buts splendides avec le genou, la tête, et même les fesses, c'est possible ! Les joueurs sont parfois de véritables acrobates quand il s'agit de pousser le ballon au fond des filets.

Pourquoi le foot se joue à 11 contre 11 ?

Au XIXe siècle, le football s'est développé dans des écoles anglaises où les élèves dormaient dans des dortoirs de 10, plus 1 surveillant par chambrée ; selon la légende, voilà pourquoi le football se jouerait à 11 contre 11 !
En club, on commence à jouer à 3, à 5, ou à 8, selon sa catégorie d'âge.

INCROYABLE !

Un joueur qui marque 3 buts à la suite dans un même match réussit le « coup du chapeau » ! Cette drôle d'expression vient du cricket, un autre sport inventé par les Anglais. Mais le buteur ne finit pas le match avec un chapeau sur la tête, comme autrefois au cricket !

À partir de 13 ans, on joue sur le grand terrain, à 11 contre 11. Avant cet âge, les équipes s'affrontent sur des terrains plus petits. Par exemple, à 8 ans, les jeunes jouent sur un quart de terrain à 5 contre 5 ; et à 11 ans, sur une moitié de terrain à 8 contre 8.

À quoi sert la mi-temps ?

La mi-temps marque la moitié du match et constitue un temps de repos pour les joueurs et les arbitres entre les deux périodes de jeu. C'est aussi l'occasion de soigner les petits bobos et de reprendre des forces, en buvant de l'eau par exemple. C'est à ce moment-là que leur entraîneur leur donne quelques conseils pour être encore meilleurs pendant la seconde phase de jeu, et les encourage avant la deuxième mi-temps.

L'équipe au grand complet écoute attentivement les conseils de l'entraîneur à la mi-temps.

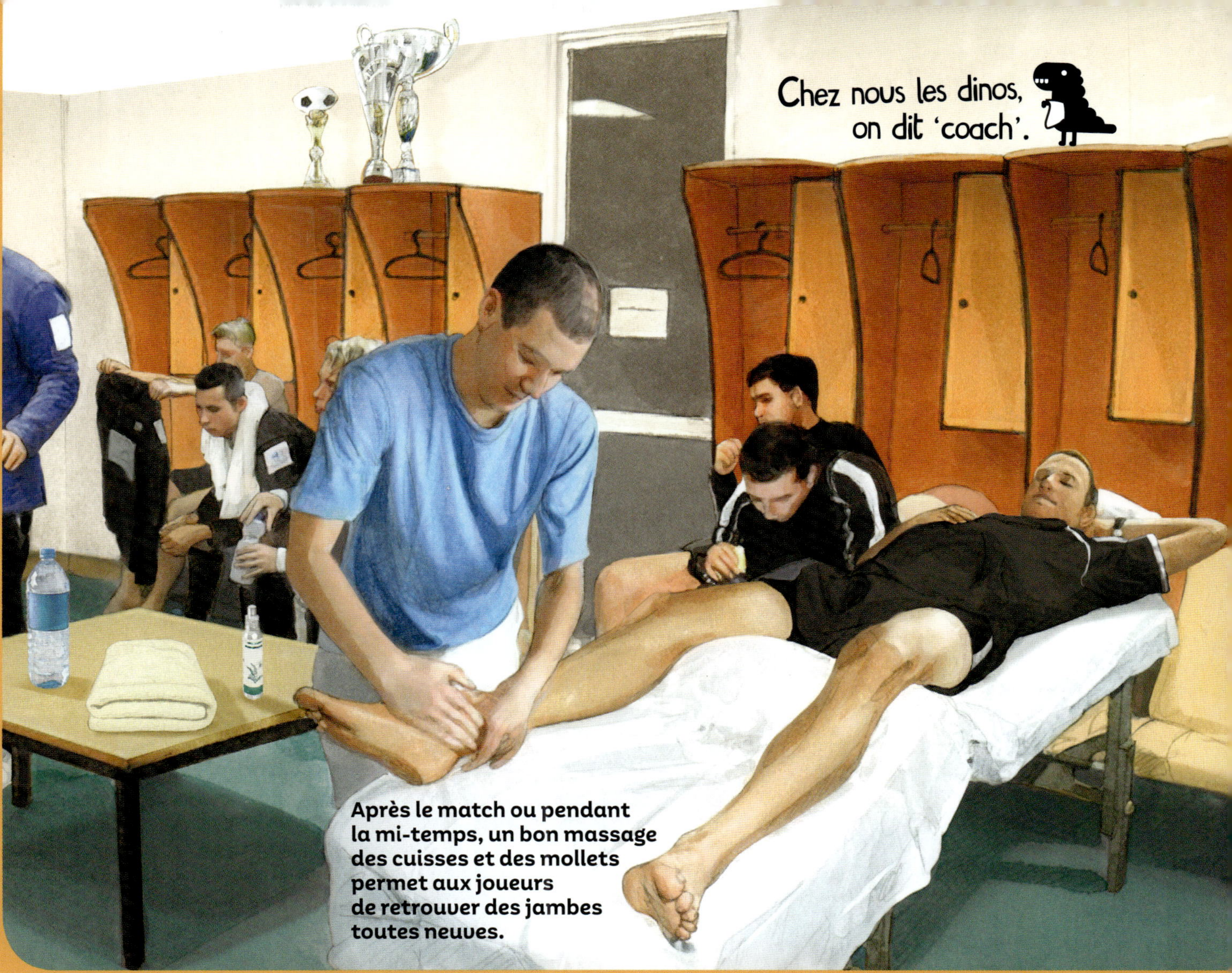

Après le match ou pendant la mi-temps, un bon massage des cuisses et des mollets permet aux joueurs de retrouver des jambes toutes neuves.

Quels sont les secrets de l'entraîneur ?

L'entraîneur connaît bien les joueurs de son équipe. Il leur demande de répéter pendant le match les exercices appris à l'entraînement. Puis pendant le match, il observe le comportement de ses joueurs et aussi de l'équipe adverse pour effectuer des changements, par exemple si un joueur est fatigué.

INCROYABLE !

Les joueurs du club anglais de Manchester United redoutaient les colères de l'entraîneur Alex Ferguson à la mi-temps, quand il leur réservait le traitement du « sèche-cheveux ». Il leur parlait tellement fort et près du visage que cela aurait pu les décoiffer !

Un attaquant trompe la vigilance du gardien de but, pour la plus grande joie de ses coéquipiers et de ses supporters.

Comment marquer un but ?

Une frappe au but conclut souvent une action de jeu. Ce tir peut être aérien ou à ras de terre, tiré de loin ou de très près, rentrer directement dans le but ou après avoir été dévié par le gardien adverse ou un défenseur. Un but survient parfois sur un coup-franc ou un pénalty après une faute de l'adversaire.
Un joueur peut aussi marquer de la tête, après un corner par exemple, ou un joli centre d'un de ses coéquipiers. Il arrive qu'un joueur adverse tire par malheur dans son propre camp. Peu importe : si le ballon passe entièrement la ligne de but, c'est gagné !

Pourquoi parle-t-on beaucoup des buteurs ?

Les buteurs sont bien mis en valeur parce qu'ils concluent souvent les actions de but les plus spectaculaires du football. Mais les gardiens, les défenseurs et les milieux de terrain sont également d'excellents joueurs, tout aussi utiles à leur équipe que le meilleur des buteurs. Et parfois, un buteur peut être maladroit et rater un but facile.

INCROYABLE !

31-0 : l'Australie a battu l'équipe des Samoa Américaines en 2001 sur ce score incroyable. C'est le record du plus grand écart de buts entre deux équipes en match international !

Les joueuses explosent de joie après un tir au but réussi par une de leur coéquipière. C'est la victoire !

Et c'est le BUUUUUUUUUUUTTTTT !

Qui est le meilleur joueur de tous les temps ?

De nombreux joueurs ont marqué leur époque, grâce par exemple à leurs qualités de dribbleurs ou à leurs buts exceptionnels. Di Stefano, Pelé, Cruyff, Maradona, Platini, Ronaldo et Messi en font partie.
Parmi eux, Pelé a le plus beau palmarès ; il est le seul joueur qui a remporté trois fois la Coupe du monde, dont la première en 1958, à l'âge de 17 ans !

De l'Antiquité à nos jours, les hommes se sont toujours passionnés pour le ballon rond.

220

Le cuju se développe en Chine.

1580

Le calcio florentin, un des ancêtres du football

1863

En Angleterre, naissance des règles du football moderne

Premiers matchs de football féminin (en Angleterre). 1917, en France

1930

Première Coupe du Monde

INCROYABLE !

Le joueur brésilien Leônidas a réalisé en 1938 une « bicyclette » : c'est une reprise acrobatique dans les airs, considérée comme le geste le plus spectaculaire du football. Leônidas a été surnommé « l'Homme élastique » !

Comment devient-on un joueur de légende ?

Pour être un excellent joueur, il faut un immense talent, un peu de chance et surtout, beaucoup de travail. C'est seulement en maîtrisant parfaitement tous les gestes que le jeune joueur peut espérer un jour devenir un footballeur de légende et remporter de nombreux trophées.

Qu'est-ce que la Ligue des Champions ?

Cette prestigieuse compétition a lieu tous les ans et fait s'affronter les meilleures équipes de clubs européens. Après les matchs qualificatifs de l'automne, les 16 meilleures équipes s'affrontent au printemps lors de rencontres éliminatoires jusqu'à la finale, attendue par de nombreux passionnés. Celle-ci se déroule chaque année dans un stade différent.

Les matchs de la Ligue des Champions ont lieu dans les plus grands stades européens. C'est aussi un spectacle suivi par des millions de téléspectateurs dans le monde entier.

INCROYABLE !

La « Coupe aux grandes oreilles », c'est le drôle de surnom donné au trophée de la finale de la Ligue des Champions, en raison de sa forme particulière.

Quels clubs font rêver les supporters ?

Chacun peut soutenir son club de cœur, comme celui de sa ville ou de son quartier. Des grands clubs fascinent aussi les amoureux du ballon rond pour leur jeu spectaculaire ou leur palmarès : c'est le cas de Manchester United, du FC Barcelone ou de la Juventus Turin par exemple, trois clubs populaires aux quatre coins du globe.

Ah, ils ont répondu à mes textos, ils sont tous venus !

En encourageant l'Équipe de France, on oublie le temps d'un match son club préféré. Les supporters de grands clubs comme l'Olympique de Marseille, le PSG ou le Stade Rennais se retrouvent côte à côte pour soutenir les Bleus.

C'est l'heure du triomphe pour les vainqueurs de la Coupe du monde, entourés de tous leurs supporters.

Qu'est-ce que la Coupe du monde ?

La Coupe du monde est la plus prestigieuse des compétitions. Elle réunit tous les 4 ans les meilleures équipes nationales du monde. Pendant un mois, les matchs s'enchaînent pour le plus grand bonheur des supporters. Le Brésil a déjà remporté 5 Coupes du monde depuis 1930, date de la création de cette compétition, et la France 2, en 1998 et en 2018.

Si les Bleus ont gagné deux fois, c'est un peu grâce à moi !

INCROYABLE !

En 1970, l'équipe brésilienne, premier triple vainqueur de la Coupe du monde, a été autorisée à conserver le trophée. Mais la coupe ayant été volée en 1983, les vainqueurs n'en reçoivent plus maintenant qu'une copie.

Qui joue l'Euro ?

Des compétitions entre les équipes nationales sont organisées sur chaque continent. Les équipes européennes s'affrontent à l'Euro (le Championnat d'Europe des Nations) tous les 4 ans. En Amérique du Sud, c'est la Copa America, tous les 2 ans. En Afrique, c'est la Coupe d'Afrique des Nations, tous les 2 ans.

Des journalistes et des photographes du monde entier se pressent pour faire les meilleurs reportages sur de grandes équipes.

Lexique

Arbitres
Personnes capables de faire respecter les lois du jeu.
Les joueurs doivent respecter leurs décisions. Il y a un arbitre principal et deux arbitres assistants à chaque match.

Attaquant
Joueur d'une équipe positionné dans le camp adverse, qui est particulièrement chargé de marquer des buts.

But
L'arbitre accorde un but dès que le ballon franchit entièrement la ligne de but. L'équipe gagnante est celle qui en a inscrit le plus.

Carton
Sanction d'un geste dangereux ou bien d'une faute contraire à l'esprit des règles ou du jeu. Il peut être jaune ou rouge, selon la gravité de la faute.

Club
Association sportive permettant à des joueurs de se regrouper en équipes, et de participer à des entraînements et des compétitions.

Corner
Action de jeu qui suit le moment où le ballon a été touché par un défenseur avant de franchir la ligne de but.

Coupe du Monde
Compétition qui réunit tous les 4 ans les meilleures équipes nationales du monde (Brésil, Espagne...).

Coup franc
Action de jeu ayant lieu après une faute sifflée par l'arbitre. L'équipe qui en bénéficie joue un coup franc en tirant au but ou en faisant une passe.

Défenseur
Joueur d'une équipe positionné dans son camp, qui est chargé de bloquer les attaques adverses.

Entraîneur
Membre du club chargé d'entraîner les joueurs, et de les faire progresser afin de rendre l'équipe encore meilleure.

Équipe
Ensemble de 11 joueurs composé d'un gardien, de 4 défenseurs, de 4 milieux de terrain et de 2 attaquants... il faut y ajouter les remplaçants. Le nombre de défenseurs, de milieux et d'attaquants peut néanmoins varier.

Euro
Compétition qui réunit tous les 4 ans les meilleures équipes nationales européennes (France, Allemagne...).

Football américain
Sport populaire joué aux États-Unis par des joueurs rendus redoutables par leurs nombreuses protections spectaculaires.

Gardien de but
Joueur spécifiquement chargé de défendre la cage de son équipe. Il est le seul joueur à pouvoir utiliser ses mains.

Hors-jeu
Faute sifflée quand, au moment de la passe, un joueur attaquant est placé entre le dernier défenseur et la ligne de but.

Ligue des Champions
Compétition qui réunit tous les ans les meilleurs clubs européens (Paris-Saint-Germain, Real Madrid, Bayern de Munich…).

Match
Chez les plus de 18 ans, un match dure 90 minutes. Les deux mi-temps de 45 minutes chacune sont séparées par une période de repos de 15 minutes.

Milieu de terrain
Joueur positionné au centre du terrain, chargé de récupérer les ballons et de les transmettre aux attaquants.

Pelé
Probablement le plus grand joueur de tous les temps. Il a inscrit 1281 buts dans sa carrière, et il est le seul joueur à avoir remporté 3 Coupes du Monde !

Pénalty
Action de jeu qui suit une faute commise sur un joueur attaquant dans la surface de réparation. Un joueur s'élance alors face au gardien pour tenter de marquer un but.

Prolongations
Périodes supplémentaires de 30 minutes de jeu quand les équipes sont à égalité dans des matchs où un vainqueur doit absolument être désigné.

Remplaçant
Joueur gardé en réserve par son entraîneur pour remplacer un de ses coéquipiers en cours de match.

Tacle
Geste défensif d'un joueur qui consiste à tenter de s'emparer du ballon dans les pieds de l'adversaire. S'il se jette sur le sol pour contrer la balle, il réalise un tacle glissé.

À toi de jouer !

le quiz

À quel âge peut-on commencer à jouer sur le grand terrain ?

réponse p.17

Le gardien porte des gants pour ne pas avoir froid aux mains. Vrai ou faux ?

réponse p.14

Est-ce qu'on peut jouer au foot partout ?

réponse p.2

Peut-on utiliser la tête pour jouer au foot ?

réponse p.11

C'est quoi le coup du chapeau ?

réponse p.17

Combien de joueurs y a-t-il sur un terrain de football ?

réponse p.17

Quelle décison de l'arbitre permet aux attaquants de tirer directement au but ?

réponse p.13

Quelle est la grande différence entre notre football et le football américain ?

réponse p.3

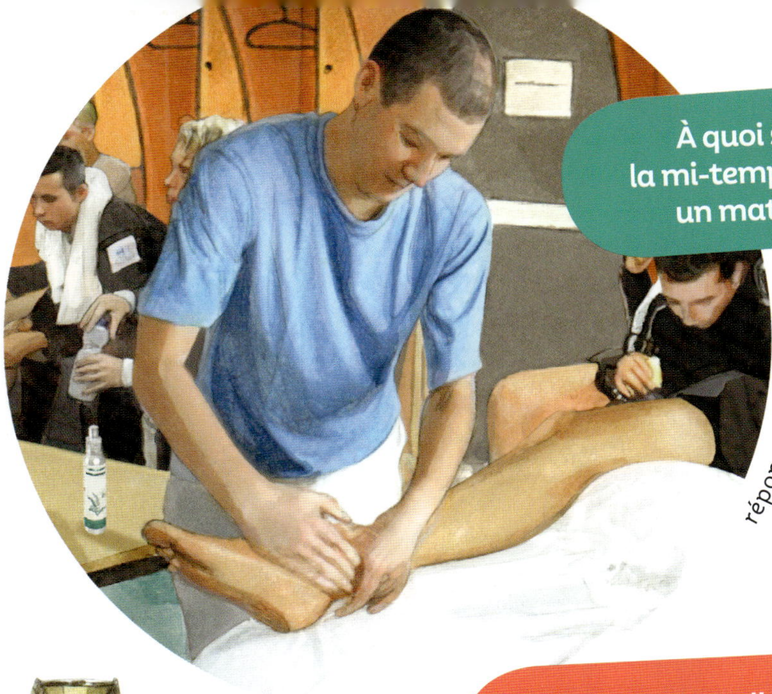

À quoi sert la mi-temps dans un match ?

réponse p.19

Quelle faute a été commise ?

réponse p.12

En quelle année a eu lieu la première Coupe du monde ?

réponse p.26

Comment appelle-t-on cette zone ?

réponse p.9

Quelle coupe les Bleus ont-ils gagnée en 2018 ?

réponse p.26

Quel équipement protège les jambes lors d'un match ?

réponse p.5

Passion football

Textes : **Mickaël Grall** • Illustrations : **Jérôme Brasseur** • Photogravure : **Irilys**

Crédits photographiques :
Couverture : Vlad1988 / Shutterstock Illustration : Nicolas Trève **p 1** M BAPPE © PHOTO12.COM / ALAMY / Du Yu / Xinhua/Alamy Live News **p 4** équipe féminine © **-5** PANORAMIC POOL / UEFA **p 7** échange lors d'un remplacement © Sascha Walther / Eibenr / EXPA / PRESSE SPORTS **p 10** équipe féminine à l'entraînement © PRESSE-SPORTS / ARGUEYROLLES LAURENT **p 11** entraînement de l'équipe féminine aux sauts © MAXPPP / Maxime JEGAT **p 13** sifflet arbitre © AFP / RODRIGO BUENDIA **p 14** arrêt d'un but © PRESSE-SPORTS / LAHALLE PIERRE **p 16** but © PRESSE-SPORTS / Bernd Feil / M.i.S. / Pool / Eibner-Pressefoto / EXPA **p 17** © AFP / POOL **p 18** mi-temps © PRESSE-SPORTS / LAHALLE PIERRE **p 18** mi-temps chez les femmes © PRESSE-SPORTS / PREVOST **p 20** Mbappé et Griezman en joie © PRESSE-SPORTS / Maurice Van Steen / ANP SPORT **p 21** équipe féminine en joie © AFP / DPPI MEDIA / Juan Soliz **p 25** supporters © REA / Fred MARVAUX **p 26** coupe victoire de la France 2018 © AFP / FRANCK FIFE **p 27** cameras © PRESSE-SPORTS / SEGUIN

Loi n° 49-956 du 16 juillet 1949 sur les publications destinées à la jeunesse, modifiée par la loi n° 2011-525 du 17 mai 2011

ISBN : 978-2-09-249235-2 Dépôt légal : juin 2014 // Achevé d'imprimer en avril 2021 par Pollina (85400 Luçon, France)
N° d'éditeur : 10267790
www.nathan.fr

IMPRIM'VERT

MIXTE
Papier issu de sources responsables
FSC® C022030

Découvre tous les titres de la collection :